Liliane Otal

La cuisine corse

Photographies de Pierre Bordet

ÉDITIONS SUD OUEST

Vincent Tabarani
Cucina Corsa

Préface

Si la cuisine corse évolue grâce au travail de toute l'équipe de *Cucina Corsa* (association créée en 1987 par Guy Bartoli, dont l'objectif principal est la mise en valeur des produits du terroir corse) et à ces nouveaux produits que l'on trouve sur le marché tels que la noisette, les amandes, les miels et leurs dérivés, etc., il ne reste pas moins vrai que nous avons une authenticité culinaire qu'il ne faut pas oublier.

Liliane Otal, basque d'origine, fin gourmet et bonne cuisinière, avocate de profession reconvertie en écrivain culinaire, a un jour rencontré un Corse – Paul Ottomani – qui lui a fait découvrir son pays à travers sa cuisine, ses coutumes, ses traditions familiales et, surtout, ses produits antiques du terroir que sont les charcuteries, les fromages, les produits dérivés de la châtaigne et les saveurs du maquis (herbes, fruits, gibiers, etc.).

Ce qui a motivé Liliane Otal à faire des recherches auprès de la société corse, c'est l'envie de partager ces produits de la mer et de la montagne. Après quelques séjours en Corse et un travail d'approche sur les savoir-faire des insulaires en matière culinaire, Liliane Otal a décidé de publier un livre de recettes de notre authentique cuisine.

Je la remercie d'avoir pensé à nous pour écrire la préface de ce document et de l'intérêt qu'elle porte à *Cucina Corsa* et à la promotion de la Corse.

Vincent Tabarani
Président de l'association Cucina Corsa
Oriporio 20290 Borgo

Avant-propos

Breveté de l'École Hôtelière de Strasbourg, je rentre au pays en 1965. Chef de cuisine, j'ouvre un restaurant à Guagno, où je n'ai de cesse de mettre en valeur nos produits du terroir et les recettes *di tempi fà*. Bien m'en a pris, c'est une vraie passion pour la cuisine insulaire, cuisine de notre île aux saveurs si fines, prenantes et variées.

La diversité de nos produits :

> légumes au goût comme nulle part ailleurs ;
> nos charcuteries si réputées ;
> nos viandes telles que celle de cabri, d'agneau, de veau élevé sous la mère ;
> la mer, avec ses richesses : poissons de roche, coquillages, oursins, crustacés ;
> et n'oublions pas la chasse…

… une palette de denrées de grande valeur me pousse à cuisiner de plus en plus, avec joie et attrait.

Fier de *Cucina Corsa*, née en 1987, qui est un des maillons de notre culture identitaire, je ne peux que me réjouir du travail de Liliane Otal qui nous découvre, nous comprend et relate notre art culinaire. Qu'il me soit permis d'émettre le souhait qu'elle continue de mieux nous connaître, d'approfondir aussi ses connaissances de notre cuisine, des tours de main, de la variété des produits insulaires pour ainsi ne pas confondre, par exemple, *brocciu* et brousse.

La vino Corsica veritas !

Guy Bartoli
Officier des Palmes Académiques
Médaille d'argent du tourisme

> Calanques de Piana

Introduction

La cuisine corse réussit l'alliance entre la rusticité, la finesse, la qualité et la générosité. On passe sans transition de la délicate saveur d'une tarte aux herbes au goût charpenté d'une daube de sanglier, de la douceur du miel à l'âpreté des vieux fromages, de la force des figatellis à l'onctuosité d'un brocciu frais.

En découvrant cette diversité, on s'aperçoit vite que ce mélange de goûts et de saveurs si différents les uns des autres finit par créer une délicieuse et surprenante harmonie.

La cuisine corse se distingue aussi par l'originalité de ses produits.

La charcuterie

C'est une spécialité corse incontournable. Les cochons corses sont élevés en semi-liberté ; ils peuvent ainsi se nourrir d'aliments naturels tels que les glands et les châtaignes. Ce type d'élevage et d'alimentation assure la production d'une charcuterie de grande qualité :

> la *coppa* est l'échine de porc salée, puis séchée et fumée ;

> les *figatellis* sont des saucisses de viande et de foie de porc fumées. On ne peut en consommer que l'hiver, à la saison de l'abattage des porcs, car ils ne se conservent pas longtemps ;

> le *lonzo* est la longe de porc salée, puis séchée et fumée ;

> le *prisuttu* est le jambon sec. La particularité des jambons corses, outre leur goût de noisette, est leur forme : ils sont allongés et plats ;

> la *panzetta* est la poitrine de porc salée, puis séchée et fumée ;

> le *salamu* est le saucisson sec ;
> la *salcicetta* est la saucisse à cuire ;
> le *sangui* est le boudin dont l'ingrédient de base est le sang de porc auquel on ajoute des oignons ou des blettes et parfois des raisins secs ;
> la *vuletta* est la gorge de porc salée, puis séchée et fumée.

La châtaigne

Seuls les Corses ont su utiliser depuis longtemps ce drôle de fruit dans leur cuisine. La mode actuelle leur donne raison, car de nombreux chefs du continent découvrent enfin les qualités de la châtaigne et l'emploient de plus en plus. La châtaigne se consomme grillée ou bouillie, en préparations sucrées ou salées : soupes, confitures, liqueur, bière…

Mais c'est sous forme de farine qu'elle est plus généralement utilisée: gâteaux à la farine de châtaigne, flans, crêpes, polenta...

Le gibier

La Corse est un pays de chasseurs. Il est donc tout naturel de trouver dans la gastronomie traditionnelle des recettes de gibier.

Les *merles* ont longtemps été cuisinés sous forme de pâtés, de brochettes ou en sauce.

De même, les *grives* et les *sansonnets* s'accommodent de façons aussi diverses.

Les *perdreaux* rôtis et les salmis de pigeons ramiers sont également très typiques.

Enfin, le *sanglier* est un mets traditionnel cuisiné le plus

souvent en sauce au vin ; on en fait aussi des pâtés et des saucissons.

Les aromates

Les *herbes du maquis* sont célèbres pour leurs senteurs à la fois délicates et puissantes. Elles aromatisent de nombreux plats traditionnels.

Parmi ces herbes, on trouve notamment le thym sauvage, la nepita (menthe poivrée), le basilic, le laurier, la marjolaine et le romarin.

Les fromages

Le roi des fromages corses est bien sûr le *brocciu*, un mélange de petit lait, de sel et de lait entier de brebis ou de chèvre. Ce fromage frais très onctueux peut être

consommé nature, mais s'emploie surtout en cuisine, en préparations salées ou sucrées: soupes, omelettes, légumes farcis, tartes, beignets…
La saison du brocciu débute à l'entrée de l'hiver et se termine en été.
Le brocciu sec est également excellent, au même titre que les fromage de Niolo, de l'Alta Rocca et de Sartène.

Les vins

Il existe plusieurs vins corses; en effet, chaque région produit un vin spécifique. La diversité géographique de la Corse explique la variété de ses vins.
Il existe sept terroirs AOC: Patrimonio, Ajaccio, Calvi, Cap Corse, Porto-Vecchio, Sartène, Figari.
Une huitième appellation, l'AOC des « vins de Corse »

concerne les autres domaines. Les vins les plus réputés proviennent de Patrimonio, d'Ajaccio et du Cap Corse. Les vins rouges sont en général assez puissants et conviennent bien aux plats traditionnels de gibier, de viande en sauce et à la charcuterie.

Les blancs fruités accompagnent parfaitement les spécialités du littoral : crustacés, soupes de poissons et poissons grillés.

Les vins rosés surprennent par leur qualité ; on peut les réserver à l'apéritif ou les choisir pour accompagner tout le repas.

Les muscats du Cap sont également très réputés et bénéficient d'une AOC.

Le miel

C'est un produit corse ancestral. La grande variété des plantes aromatiques a de toute évidence contribué à la qualité du produit.

Le miel corse a obtenu une AOC qui a encore accru sa réputation.

Du miel de printemps au miel de châtaigneraie, tous méritent d'être goûtés.

L'huile d'olive

Comme beaucoup de pays méditerranéens, la Corse produit une huile d'olive de grande qualité. Elle est utilisée en priorité aux autres huiles dans la cuisine corse traditionnelle. Elle étonne par sa couleur dorée et sa grande finesse.

Remerciements

Je tiens à remercier les Corses que j'ai rencontrés et qui m'ont réservé un accueil chaleureux. Grâce à leur savoir, à leurs conseils et parfois même à leurs secrets, j'ai pu réaliser ce livre de cuisine que j'ai souhaité sincère et authentique.

Je tiens particulièrement à remercier :

– Guy Bartoli, qui m'a fait l'honneur de consacrer un avant-propos à cet ouvrage. Chef de cuisine réputé et fondateur de l'association Cucina Corsa, il incarne l'image de la gastronomie corse.

– Vincent Tabarani, de Bastia, qui a accepté si gentiment d'écrire la préface de ce livre. Malgré ses occupations et ses responsabilités en qualité de chef de cuisine, de professeur et de président de l'association Cucina Corsa, il a su se rendre disponible pour répondre à ma demande, j'en suis très honorée.

– Joëlle et Vincent Orabona, de l'Île Rousse, qui m'ont si gentiment et chaleureusement accueillie et m'ont fait partager leurs connaissances.

– Madame Orabona mère, qui m'a confié de précieux secrets de cuisine familiale.

– La famille Ottomani, d'Ajaccio, qui m'a apporté les premiers éléments et n'a cessé de m'aider tout au long de l'écriture de cet ouvrage.

– Andrée et Jacky Luciani, de l'hôtel-restaurant Kyrié de Ghizoni, qui m'ont si généreusement reçue et m'ont fait découvrir et apprécier de merveilleuses recettes à l'authenticité incomparable.

– Dédé le berger, de la Balagne, qui a gentiment accepté de me livrer une recette traditionnelle orale, introuvable dans les manuels.

– Natale Ferricelli, du restaurant Kissing Pigs de Bonifacio, pour sa générosité et la grande qualité de sa charcuterie.

– Jean-Jean, du restaurant Le Bilboq d'Ajaccio, pour ses inoubliables pâtes aux langoustes.

> Centuri

VENTE
POISSON
UTA

> Speluncatu

Les entrées et les légumes

Soupe corse

Pour 6 personnes

Temps de cuisson : 2 h

- > 1/2 chou vert
- > 400 g de blettes
- > 4 pommes de terre
- > 2 oignons
- > 2 tomates
- > 2 gousses d'ail
- > 100 g de haricots blancs secs
- > 1 os de jambon sec
- > 3 tranches de pain rassis
- > 3 cuillères à soupe d'huile d'olive
- > 2,5 litres d'eau
- > sel, poivre

La veille, mettre les haricots secs à tremper dans de l'eau froide. ¶ Couper le chou en lanières, les pommes de terre en cubes et les tomates en quartiers. ¶ Émincer l'oignon, les blettes et l'ail. ¶ Faire chauffer l'huile d'olive dans un fait-tout. Y faire revenir tous les légumes pendant 3 minutes. ¶ Couvrir d'eau et ajouter les haricots. Plonger l'os de jambon sec. ¶ Porter à ébullition, puis baisser le feu et faire cuire à petits bouillons pendant environ 2 heures. ¶ Écumer en cours de cuisson. ¶ Au bout d'une heure, poivrer et saler légèrement, car l'os de jambon est salé. ¶ Un quart d'heure avant la fin de la cuisson, ajouter les tranches de pain. ¶ Cette soupe doit se servir très épaisse.

pages précédentes
Artichauts farcis

Soupe de châtaignes

Pour 6 personnes

Temps de cuisson : 1 h

Peler les châtaignes et les plonger dans de l'eau bouillante pendant 5 minutes. Les égoutter et retirer la seconde peau. ¶ Faire chauffer le bouillon de volaille. Y plonger le céleri coupé en dés, les oignons émincés et les gousses d'ail hachées. ¶ Ajouter les châtaignes. Saler et poivrer. ¶ Faire cuire à petits bouillons pendant une heure et demie. ¶ Mixer la soupe et la servir bien chaude.

> 500 g de châtaignes
> 2 oignons
> 2 gousses d'ail
> 1 branche de céleri
> 1,5 litre de bouillon de volaille
> sel, poivre

Soupe de poissons

Pour 6 personnes

Temps de cuisson : 55 min

- > 1 kg de poissons de roche
- > 1 poireau
- > 1 oignon
- > 3 tomates
- > 3 gousses d'ail
- > 1 bouquet garni
- > 1 cuillère à café de concentré de tomate
- > 6 tranches de pain de campagne rassis
- > huile d'olive
- > sel, poivre

Nettoyer et vider les poissons de roche. ¶ Émincer l'ail et l'oignon, couper le poireau en tronçons et les tomates en quartiers. ¶ Faire revenir tous ces légumes dans une cocotte avec un peu d'huile d'olive pendant 5 minutes. ¶ Verser deux litres d'eau froide. Y plonger le bouquet garni et les poissons entiers. Saler, poivrer et porter à ébullition. ¶ Faire cuire à petits bouillons pendant trois quarts d'heure. ¶ Retirer le bouquet garni et passer tout le reste au presse purée. ¶ Filtrer la soupe au chinois. ¶ Ajouter le concentré de tomate et remettre sur le feu pendant quelques minutes. ¶ Frotter les tranches de pain à l'ail et les couper en petits dés. Les faire frire dans une poêle avec de l'huile d'olive. ¶ Servir la soupe bien chaude avec les croûtons.

Soupe au brocciu

Pour 6 personnes

Temps de cuisson : 50 min

- > 250 g de brocciu
- > 2 tomates
- > 2 oignons
- > 2 gousses d'ail
- > 300 g de vert de blettes
- > 2 œufs
- > huile d'olive
- > croûtons aillés
- > sel, poivre

Émincer les oignons et les verts de blettes. ¶ Hacher l'ail. ¶ Faire revenir le tout dans une cocotte avec un peu d'huile d'olive pendant 5 minutes. ¶ Ajouter les tomates pelées, épépinées et coupées en dés. ¶ Mouiller avec un litre et demi d'eau froide. Saler et poivrer. ¶ Porter à ébullition, puis baisser le feu et faire cuire à petits bouillons pendant trois quarts d'heure. ¶ Juste avant de servir, ajouter les œufs battus. Mélanger à la fourchette. ¶ Émietter le brocciu et l'ajouter à la soupe. Bien mélanger. ¶ Servir chaud avec des croûtons aillés.

Tapenade au miel

Pour 6 personnes

Pas de cuisson

Dessaler les anchois en les laissant tremper dans de l'eau claire pendant 10 minutes. Bien les rincer. ¶ Retirer la queue et l'arête centrale. Les essuyer et les couper en morceaux. ¶ Dénoyauter les olives noires. ¶ Égoutter les câpres. ¶ Mettre les anchois, les olives, les câpres et l'ail écrasé dans un mortier. Piler soigneusement. ¶ Ajouter le thym effeuillé, la moutarde. ¶ Piler jusqu'à obtenir une pâte épaisse et lisse. ¶ Incorporer le miel, puis l'huile d'olive. Poivrer et mettre au frais. ¶ Servir la tapenade au miel à l'apéritif, tartinée sur des tranches de pain grillé.

> 12 anchois au sel
> 300 g d'olives noires
> 200 g de câpres
> 2 cuillères à soupe de miel
> 1 gousse d'ail
> 1 branche de thym
> moutarde
> huile d'olive
> poivre

Tarte aux herbes d'Andrée Luciani

de l'hôtel-restaurant Kyrié

Pour 6 personnes

Temps de cuisson : 35 min

- 1 disque de pâte brisée
- 1 botte de blettes
- 1 botte d'oignons frais
- 2 blancs de poireaux
- 1 œuf
- 2 cuillères à soupe de lait
- 2 cuillères à soupe de crème fraîche épaisse
- 1 pincée de noix de muscade
- 2 pincées de nepita (menthe poivrée)
- huile d'olive
- sel, poivre

Prélever les feuilles de blettes et les blanchir quelques minutes dans l'eau bouillante. Les rincer à l'eau froide et les sécher en les pressant dans un torchon. Les hacher finement. ¶ Émincer finement les oignons et les poireaux, puis les faire revenir pendant 2 à 3 minutes dans un peu d'huile d'olive. Les mélanger aux blettes. ¶ Assaisonner avec la nepita et la noix de muscade. Saler et poivrer. ¶ Ajouter l'œuf battu, le lait et la crème. Bien mélanger et réserver cette préparation. ¶ Étaler le disque de pâte dans un plat à tarte. Le remplir de la préparation. ¶ Faire cuire à four moyen pendant une demi-heure. ¶ Servir chaud.

Omelette au brocciu

Pour 6 personnes

Temps de cuisson : 8 min

> 400 g de brocciu
> 5 feuilles de menthe
> 12 œufs
> huile
> sel, poivre

Écraser grossièrement le brocciu à la fourchette et hacher les feuilles de menthe. ¶ Battre les œufs à la fourchette. Y incorporer le brocciu et la menthe hachée. Saler et poivrer. Bien mélanger. ¶ Faire chauffer 2 cuillères à soupe d'huile dans une poêle. Verser les œufs battus dans la poêle. ¶ Faire cuire à feu vif pendant 4 à 5 minutes. ¶ Retourner l'omelette à l'aide d'une assiette et faire cuire l'autre face pendant 2 à 3 minutes. ¶ Faire glisser l'omelette dans le plat de service. ¶ Servir aussitôt.

Œufs à la cippola

Omelette à la menthe

Pour 6 personnes

Temps de cuisson : 8 min

> 1 bouquet de menthe (5 à 6 feuilles par personne)
> 12 œufs
> huile
> sel, poivre

Hacher grossièrement les feuilles de menthe. ¶ Battre les œufs à la fourchette. Y incorporer les feuilles de menthe. Saler et poivrer. Bien mélanger. ¶ Faire chauffer 2 cuillères à soupe d'huile dans une poêle. Verser les œufs battus dans la poêle. ¶ Faire cuire à feu vif pendant 8 minutes environ. ¶ En fin de cuisson, plier l'omelette en deux et la faire glisser dans le plat de service. ¶ Servir aussitôt.

Œufs à la cippola

Pour 6 personnes

Temps de cuisson : 12 min

> 6 œufs
> 4 oignons
> huile d'olive
> sel, poivre

Peler les oignons et les émincer finement. ¶ Faire chauffer 2 cuillères à soupe d'huile d'olive dans une grande poêle. Faire revenir les oignons émincés à feu doux en remuant souvent pendant une dizaine de minutes. Saler et poivrer. ¶ Quand ils sont bien tendres, casser les œufs un par un dans la poêle sans les crever. Saler légèrement les œufs. ¶ Couvrir et laisser cuire toujours à feu doux pendant 2 minutes. ¶ Faire glisser le tout dans le plat de service. ¶ Séparer les œufs avec une spatule et servir chaque œuf sur le lit d'oignons frits.

Migliaccis

Pour 6 personnes

Temps de cuisson : 10 min

> 1 quinzaine de feuilles de châtaignier
> 500 g de fromage frais de chèvre ou de brebis
> 300 g de farine
> 10 g de levure de boulanger
> 10 cl d'eau tiède
> 1 cuillère à soupe de lait
> 1 œuf
> sel

Faire tremper les feuilles de châtaignier dans de l'eau froide pendant 2 heures. ¶ Mettre la farine dans un grand saladier. ¶ Délayer la levure de boulanger dans l'eau tiède, puis l'incorporer à la farine. Bien mélanger. ¶ Ajouter le fromage frais écrasé à la fourchette. ¶ Travailler la pâte avec une spatule et la laisser reposer pendant 2 heures. ¶ Égoutter les feuilles de châtaignier et les essuyer. Les aligner trois par trois sur la plaque du four. ¶ Prélever des boules de pâte et les poser sur les feuilles de châtaignier en les aplatissant avec la paume de la main. ¶ Délayer le jaune d'œuf dans le lait. Tremper un pinceau dans ce mélanger et badigeonner les migliaccis. ¶ Faire cuire à four chaud pendant 10 minutes. ¶ Servir sans attendre.

Pâté de sansonnets

Pour 6 personnes

Temps de cuisson : 1 h 30

> 8 sansonnets
> 200 g de foie de porc
> 100 g de chair à saucisse
> 2 œufs
> 1 cuillère à soupe d'eau-de-vie
> 2 feuilles de laurier
> 1 branche de thym
> 1 crépine
> sel, poivre

Plumer et vider les sansonnets. Les passer à la flamme pour supprimer les dernières petites plumes. Les désosser. ¶ Hacher la chair des sansonnets et le foie de porc. ¶ Ajouter la chair à saucisse, saler et poivrer généreusement. ¶ Effeuiller le thym et l'ajouter à la préparation. ¶ Battre les œufs et les incorporer au hachis. ¶ Mouiller avec l'eau-de-vie. Bien malaxer. ¶ Tapisser une terrine de crépine avant de la remplir, en tassant bien la préparation. Poser les feuilles de laurier sur le dessus. ¶ Rabattre les bords de la crépine par dessus le hachis. Couvrir. ¶ Cuire au bain marie à four moyen 1 heure et demie. ¶ Laisser refroidir. ¶ Laisser reposer 24 heures au réfrigérateur avant de servir.

Migliaccis

Pâté de lapin

Pour 6 personnes

Temps de cuisson : 2 h

> 1 lapin
> 200 g de filet de porc
> 100 g de lard de porc
> 1 litre de vin rouge
> 2 gousses d'ail
> 2 feuilles de laurier
> sel, poivre

Désosser le lapin et le couper en dés. Le mettre ainsi débité dans un plat creux. ¶ Ajouter les feuilles de laurier, un peu de sel et de poivre, puis couvrir de vin rouge. ¶ Laisser macérer pendant 24 heures. ¶ Le lendemain, égoutter les morceaux de lapin. ¶ Hacher ensemble la viande de porc, le lard et les gousses d'ail. Saler, poivrer et bien malaxer. ¶ Dans une terrine, mettre une couche de hachis de porc, puis une couche de lapin, et ainsi de suite. ¶ Fermer la terrine et faire cuire au bain-marie pendant 2 heures. ¶ Laisser refroidir. ¶ Laisser reposer 24 heures au réfrigérateur avant de servir.

Pâté de sanglier

Pour 6 personnes

Temps de cuisson : 1 h 15

- > 400 g de filet de sanglier
- > 200 g de foie de porc
- > 100 g de lard de porc
- > 3 branches de thym
- > 2 feuilles de laurier
- > 1 oignon
- > 1 litre de vin rouge
- > 1 petit verre de cognac
- > sel, poivre

Couper la viande de sanglier en morceaux. Saler, poivrer, puis parsemer de thym effeuillé et de laurier grossièrement haché. ¶ Ajouter l'oignon émincé. ¶ Couvrir de vin rouge et laisser macérer 24 heures. ¶ Le lendemain, égoutter le sanglier. ¶ Hacher ensemble les morceaux de sanglier, le foie et le lard de porc. Saler et poivrer. ¶ Ajouter un petit verre de cognac. Bien mélanger. ¶ Remplir des bocaux, pas jusqu'en haut. Bien tasser à l'aide d'une cuillère. Fermer avec capsules et couvercles. ¶ Disposer les bocaux dans le stérilisateur en prenant soin de les caler avec des torchons. Stériliser environ une heure et quart. ¶ Laisser les bocaux refroidir dans l'eau. ¶ Quand l'eau est froide, retirer les bocaux. ¶ Ôter les couvercles pour essuyer correctement les capsules. Les refermer et les étiqueter. ¶ Les ranger au frais : ils sont prêts à être dégustés.

Gnocchis

Pour 6 personnes

Temps de cuisson : 35 min

- > 800 g de pommes de terre
- > 400 g de farine
- > 2 œufs
- > 1 tasse de sauce tomate
- > 50 g de gruyère râpé
- > sel, poivre

Faire bouillir les pommes de terre dans de l'eau bouillante salée pendant une demi-heure. ¶ Bien les égoutter et faire une purée à l'aide d'un presse-purée. ¶ Ajouter la farine et les jaunes d'œuf. Bien mélanger jusqu'à obtenir une pâte souple et ferme. ¶ Faire des rouleaux longs et fins (1 cm de diamètre). ¶ Couper des petits tronçons de deux centimètres de long. ¶ Écraser légèrement chaque gnocchi avec une fourchette. ¶ Les faire cuire dans un grand volume d'eau salée pendant 4 à 5 minutes. Quand ils sont cuits, ils remontent à la surface. ¶ Égoutter les gnocchis et les servir bien chauds, nappés de sauce tomate et de fromage râpé.

pages suivantes
Raviolis au brocciu

Raviolis au brocciu

Pour 6 personnes

Temps de cuisson : 10 min

Pâtes :

- > 300 g de farine
- > 3 œufs
- > 1 cuillère à soupe d'huile d'olive
- > sel

Farce :

- > 2 bottes d'épinards
- > 400 g de brocciu
- > sel, poivre

Accompagnement :

- > 50 g de brocciu sec râpé
- > huile d'olive

Équeuter les épinards et les faire bouillir pendant 5 minutes dans de l'eau salée. Bien les égoutter et les hacher. ¶ Écraser le brocciu à la fourchette et le mélanger aux épinards. Saler et poivrer. Réserver. ¶ Verser la farine dans un grand saladier. Creuser un puits au milieu. ¶ Ajouter le sel et l'huile d'olive. ¶ Incorporer les œufs à la farine en mélangeant d'abord à la fourchette, puis à la main. ¶ Pétrir la pâte pour en faire une boule. ¶ La poser sur un plan de travail fariné et continuer à pétrir pendant une dizaine de minutes. Vous devez obtenir une pâte souple et non collante. ¶ Incorporer un peu de farine supplémentaire si nécessaire. ¶ Remettre la pâte dans le saladier. Couvrir d'un torchon et laisser reposer une vingtaine de minutes. ¶ Partager la boule en deux portions à peu près égales. Étaler chaque boule de pâte au rouleau à pâtisserie jusqu'à obtenir deux rectangles de 2 à 3 millimètres d'épaisseur. ¶ Un des rectangles doit être légèrement plus grand que l'autre. ¶ Sur le plus petit rectangle, visualiser un quadrillage en le dessinant très légèrement sur la pâte à la pointe d'un couteau. ¶ À l'intérieur de chaque carré, déposer une cuillère à café de farce aux épinards. ¶ Badigeonner de jaune d'œuf les espaces de pâte laissés entre les petits tas de farce. ¶ Recouvrir avec le deuxième rectangle de pâte. ¶ Bien appuyer entre les tas de farce et sur les bords pour bien souder les deux rectangles. ¶ Découper les raviolis à l'aide d'une roulette à pâtisserie crantée. ¶ Aligner les raviolis sur une plaque farinée sans les superposer et laisser reposer une demi-heure. ¶ Faire cuire les raviolis dans un grand volume d'eau bouillante salée pendant 3 à 4 minutes. ¶ Les égoutter et les mettre dans un plat. ¶ Arroser d'un filet d'huile d'olive et parsemer de brocciu sec râpé. ¶ Servir aussitôt.

Storzapretis d'Andrée Luciani

de l'hôtel-restaurant Kyrié

Pour 6 personnes

Temps de cuisson : 30 min

- > 800 g de brocciu
- > 2 bottes de blettes
- > 2 œufs
- > 2 gousses d'ail
- > quelques brins de persil
- > quelques brins de marjolaine
- > noix de muscade
- > 1 louche de sauce de daube ou de sauté de veau
- > 50 g de parmesan râpé
- > sel, poivre

Prélever les feuilles de blettes et les blanchir quelques minutes dans l'eau bouillante. Les rincer à l'eau froide et les sécher en les pressant dans un torchon. ¶ Les hacher finement. ¶ Mélanger le brocciu, les œufs battus et les blettes hachées. ¶ Ajouter une pincée de noix de muscade, l'ail, le persil et la marjolaine hachés. Saler et poivrer. Bien mélanger. ¶ Saupoudrer le plan de travail de farine. ¶ À l'aide d'une cuillère à soupe, confectionner des quenelles de huit centimètres de longueur et les déposer sur le plan de travail. ¶ Les rouler dans la farine. ¶ Les plonger une à une dans de l'eau bouillante salée. ¶ Laisser cuire 5 minutes après qu'elles soient remontées à la surface. ¶ Les sortir de l'eau bouillante à l'aide d'une écumoire et les aligner dans un plat à four. ¶ Les arroser de sauce de daube ou de sauté de veau et saupoudrer de parmesan râpé. ¶ Faire gratiner pendant un quart d'heure. ¶ Les storzapretis accompagnent parfaitement la daube ou le cabri en sauce.

Polenta de farine de châtaigne

Pour 6 personnes

Temps de cuisson : 40 min

> 500 g de farine de châtaigne
> 1 litre d'eau
> sel

Faire bouillir l'eau salée. Verser la farine de châtaigne en pluie dans l'eau frémissante. ¶ Remuer avec une spatule en bois. L'instrument approprié est un bâton en bois long et fin. ¶ Faire cuire à feu doux sans cesser de remuer pendant 40 minutes. ¶ La polenta ne devant surtout pas accrocher, ôter la casserole du feu de temps en temps si nécessaire. ¶ Quant elle est cuite, la retourner sur un torchon fariné. ¶ Couper la polenta en tranches d'un centimètre d'épaisseur à l'aide d'une ficelle à rôti (la lame d'un couteau collerait à la polenta). ¶ La polenta de farine de châtaigne accompagne parfaitement les figatellis grillés (voir la recette page 87).

Beignets de fleurs de courgette

Pour 6 personnes

> 1 vingtaine de fleurs de courgette
> 200 g de farine
> 2 cuillères à soupe d'huile d'olive
> 1 verre d'eau
> 2 œufs
> sel, poivre

Temps de cuisson : 3 min par beignet

Mettre la farine dans un saladier. Ajouter une pincée de sel, l'huile d'olive et les jaunes d'œuf. ¶ Incorporer l'eau tiède et délayer doucement jusqu'à obtenir une pâte lisse. ¶ Laisser reposer 1 heure. ¶ Battre les blancs en neige et les ajouter à la pâte soigneusement. ¶ Retirer le pistil des fleurs de courgette. ¶ Faire chauffer de l'huile dans une friteuse. ¶ Passer chaque fleur de courgettes dans la pâte, puis les glisser dans la friteuse. ¶ Faire cuire les beignets 2 à 3 minutes en les retournant. ¶ Bien les égoutter. Poivrer les beignets et servir.

Beignets de courgettes

Pour 6 personnes

> 1 kg de courgettes
> 200 g de farine
> 2 cuillères à soupe d'huile d'olive
> 1 verre d'eau
> 2 œufs
> sel, poivre

Temps de cuisson : 3 min par beignet

Râper les courgettes (utiliser la même grille que pour les carottes râpées). Les mettre dans une passoire et les saler. ¶ Les laisser s'égoutter pendant une heure. ¶ Mettre la farine dans un saladier. ¶ Ajouter une pincée de sel, l'huile d'olive et les jaunes d'œuf. ¶ Incorporer l'eau tiède et délayer doucement jusqu'à obtenir une pâte lisse. ¶ Laisser reposer 1 heure. ¶ Battre les blancs en neige et les ajouter à la pâte soigneusement. ¶ Mettre les courgettes râpées dans la pâte à beignets. Mélanger. ¶ Prélever une cuillère à soupe de cette préparation et la glisser dans la friteuse. ¶ Faire frire les beignets 2 à 3 minutes en les retournant. ¶ Les égoutter sur un papier absorbant et les servir.

Beignets de courgettes

Beignets de poireaux

Beignets de poireaux

Pour 6 personnes

Temps de cuisson : 3 min par beignet

- > 1 kg de blancs de poireau
- > 200 g de farine
- > 2 cuillères à soupe d'huile d'olive
- > 1 verre d'eau
- > 2 œufs
- > sel, poivre

Mettre la farine dans un saladier. Ajouter une pincée de sel, l'huile d'olive et les jaunes d'œuf. ¶ Incorporer l'eau tiède et délayer doucement jusqu'à obtenir une pâte lisse. ¶ Laisser reposer 1 heure. ¶ Battre les blancs en neige et les ajouter à la pâte soigneusement. ¶ Laver les poireaux et les couper en fines rondelles. Mettre ces rondelles dans la pâte à beignets. Mélanger. ¶ Prélever une cuillère à soupe de cette préparation et la glisser dans la friteuse. ¶ Faire frire les beignets 2 à 3 minutes en les retournant. ¶ Les égoutter sur un papier absorbant et les servir.

Lactaires délicieux en cocotte

Pour 6 personnes

Temps de cuisson : 30 min

- > 1 kg de lactaires délicieux
- > 1 petit bouquet de persil
- > 3 gousses d'ail
- > 1 branche de thym
- > huile d'olive
- > sel, poivre

Nettoyer les lactaires délicieux et les couper en morceaux. Les plonger 3 minutes dans de l'eau bouillante. ¶ Bien les égoutter et les sécher. ¶ Faire chauffer trois cuillères à soupe d'huile d'olive dans une cocotte. Y faire revenir les champignons pendant 10 minutes à feu vif sans cesser de remuer. ¶ Hacher le persil et l'ail. ¶ Effeuiller le thym. ¶ Mettre les aromates dans la cocotte. Saler et poivrer. Bien mélanger. ¶ Couvrir et laisser cuire à feu très doux pendant 20 minutes. ¶ Ces champignons peuvent se servir seuls en entrée ou en accompagnement d'une viande ou d'une volaille.

pages suivantes
Salade de fruits de mer

Salade de fruits de mer

Pour 6 personnes

- 1 litre de moules
- 600 g de crevettes
- 600 g de palourdes
- 2 échalotes
- 1 gousse d'ail
- quelques brins de persil
- huile d'olive
- vinaigre
- sel, poivre

Temps de cuisson : 13 min

Faire ouvrir les moules et les palourdes dans une casserole à feu vif pendant 3 minutes. ¶ Dès qu'elles sont ouvertes, les laisser refroidir, puis retirer les coquilles. ¶ Faire cuire les crevettes une dizaine de minutes dans de l'eau légèrement vinaigrée, salée et poivrée. ¶ Quand les crevettes sont cuites et refroidies, les décortiquer. ¶ Dans un plat de service, mélanger les moules, les palourdes et les crevettes. ¶ Ajouter les échalotes, l'ail et le persil hachés. ¶ Assaisonner de vinaigrette. ¶ Bien mélanger et laisser macérer 10 minutes avant de servir bien frais.

Haricots à la mode corse

Pour 6 personnes

- 500 g de haricots secs soissons
- 3 belles tranches de panzetta ou de lard
- 2 tomates
- 2 oignons
- 2 carottes
- 2 gousses d'ail
- 1 bouquet garni
- huile
- sel, poivre

Temps de cuisson : 2 h 35

Temps de trempage : 12 h

Mettre les haricots à tremper dans de l'eau froide pendant 12 heures. ¶ Dans un faitout, faire chauffer un peu d'huile ; y faire revenir les oignons émincés, les carottes coupées en rondelles, les gousses d'ail hachées et les tranches de panzetta coupées en morceaux. ¶ Laisser rissoler pendant 5 minutes sans cesser de remuer. ¶ Peler et épépiner les tomates. Les concasser et les mettre dans la cocotte. ¶ Ajouter les haricots et le bouquet garni, puis couvrir d'eau froide. ¶ Porter à ébullition et laisser cuire à feu doux pendant 2 heures et demie. ¶ Un quart d'heure avant la fin de la cuisson, saler et poivrer. ¶ Cette recette de gros haricots accompagne très bien les saucisses grillées et l'agneau rôti.

Haricots à la mode corse

Artichauts farcis

Pour 6 personnes

Temps de cuisson : 1 h 10

Préparer la sauce tomate : hacher grossièrement l'ail et l'oignon. ¶ Faire revenir ce hachis avec les lardons dans une cocotte avec un peu d'huile d'olive. ¶ Peler, épépiner et couper les tomates en cubes, puis les mettre dans la cocotte. Saler, poivrer et ajouter le morceau de sucre. ¶ Bien remuer et faire mijoter à feu doux pendant une demi-heure. Réserver. ¶ Retirer les premières feuilles des artichauts. Les couper aux deux tiers de la hauteur. ¶ Faire bouillir de l'eau salée et citronnée. Y plonger les artichauts et les faire cuire à petits bouillons pendant 20 minutes. ¶ Les laisser s'égoutter, puis les creuser avec une petite cuillère pour retirer le foin. ¶ Préparer la farce : écraser le brocciu à la fourchette. ¶ Ajouter le persil haché et les œufs battus. Saler, poivrer et bien mélanger. ¶ Remplir chaque artichaut de farce et les aligner dans un plat à gratin. ¶ Napper de sauce tomate. ¶ Faire cuire à four moyen pendant un quart d'heure.

> 6 ou 12 artichauts selon la grosseur
> 1 citron

Farce :

> 300 g de brocciu
> 2 œufs
> 1 petit bouquet de persil
> sel, poivre

Sauce :

> 600 g de tomates
> 50 g de lardons
> 1 oignon
> 1 gousse d'ail
> 1 morceau de sucre
> huile d'olive
> sel, poivre

Pois chiches à la génoise de Madame Orabona

Pour 6 personnes

- > 500 g de pois chiches
- > 1 botte de blettes
- > 1 branche de céleri
- > 100 g de champignons secs
- > 1 oignon
- > 1 boîte de tomates entières pelées
- > 2 gousses d'ail
- > quelques brins de persil
- > 1 feuille de laurier
- > huile d'olive
- > sel, poivre

Temps de cuisson : 2 h 40, temps de trempage : 12 h

Ce plat est traditionnellement préparé le vendredi saint. Faire tremper les pois chiches dans de l'eau froide pendant 12 h. ¶ Les égoutter. Les mettre dans une cocotte. ¶ Ajouter une gousse d'ail pelée entière, la feuille de laurier, une cuillère à soupe d'huile d'olive et du sel. Couvrir d'eau. ¶ Porter à ébullition et faire cuire à petits bouillons pendant 2 h. Les égoutter. ¶ Faire chauffer un peu d'huile d'olive dans une cocotte, y faire revenir l'oignon émincé, l'ail et le persil hachés pendant 3 min. ¶ Ajouter les blettes grossièrement hachées au couteau. Bien mélanger et faire rissoler pendant une dizaine de minutes. ¶ Ajouter les tomates pelées avec leur jus, le céleri coupé en dés et les champignons secs. ¶ Laisser frémir pendant 5 min. Saler et poivrer. ¶ Verser les pois chiches égouttés dans la cocotte et faire mijoter pendant 20 min. ¶ Quand la sauce est bien réduite, servir immédiatement.

Ragoût de fèves

Pour 6 personnes

Temps de cuisson : 35 min

Écosser les fèves et les réserver. ¶ Hacher l'échalote et la faire revenir à feu doux dans une cocotte pendant 2 minutes. ¶ Ajouter la panzetta coupée en lardons. ¶ Faire rissoler 2 à 3 minutes de plus. ¶ Ajouter les fèves et les feuilles de laurier. ¶ Verser le vin blanc et de l'eau froide. Les fèves doivent être couvertes. Saler et poivrer. ¶ Faire cuire à feu doux et à couvert pendant une demi-heure. ¶ Ôter le couvercle 10 minutes avant la fin de la cuisson.

> 1 kg de fèves fraîches
> 3 tranches de panzetta ou de lard
> 4 échalotes
> 2 feuilles de laurier
> 1 verre de vin blanc sec
> huile d'olive
> sel, poivre

pages suivantes
Aubergines à la bonifacienne

Aubergines à la bonifacienne

Pour 6 personnes

Temps de cuisson : 55 min

> 6 aubergines

Farce :

- > 3 œufs
- > 200 g de pain rassis
- > 1 verre de lait
- > 150 g de brocciu sec râpé
- > 1 petit bouquet de basilic
- > 2 gousses d'ail
- > sel, poivre

Sauce tomate :

- > 600 g de tomates
- > 1 oignon
- > 1 gousse d'ail
- > 1 morceau de sucre
- > huile d'olive
- > sel, poivre

Préparer la sauce tomate : hacher grossièrement l'ail et l'oignon. ¶ Faire revenir ce hachis dans une cocotte avec un peu d'huile d'olive. ¶ Peler, épépiner et couper les tomates en cubes, puis les mettre dans la cocotte. Saler, poivrer et ajouter le morceau de sucre. ¶ Bien remuer et faire mijoter à feu doux pendant une demi-heure. La sauce doit être bien épaisse. Réserver. ¶ Fendre les aubergines en deux dans le sens de la longueur. Les plonger dans de l'eau bouillante salée pendant 5 minutes. ¶ Égoutter les aubergines et prélever la pulpe à l'aide d'une petite cuillère. Ne pas creuser trop profondément pour ne pas abîmer la peau. ¶ Mettre la pulpe d'aubergine dans une passoire et la laisser s'égoutter pendant un quart d'heure. ¶ Faire tremper le pain rassis dans le lait, puis l'émietter et le mettre dans un saladier. ¶ Ajouter les gousses d'ail et le basilic hachés, les œufs battus et le brocciu râpé. ¶ Hacher la pulpe et l'ajouter à la farce. Saler, poivrer et bien mélanger. ¶ Faire chauffer la farce quelques minutes dans une casserole pour la faire sécher. ¶ Remplir les demi-aubergines avec cette farce. ¶ Faire chauffer un demi-verre d'huile d'olive dans une poêle. ¶ Faire dorer les aubergines farcies côté farce pendant 2 minutes, puis côté peau pendant 2 minutes également. ¶ Verser la sauce tomate dans un plat à gratin. ¶ Poser les aubergines farcies dessus. ¶ Faire cuire à four moyen pendant un quart d'heure. ¶ Servir dans le plat de cuisson.

Aubergines à la nepita

Pour 6 personnes

Temps de cuisson : 15 min

- > 1 kg d'aubergines
- > 150 g de lardons
- > 2 oignons
- > 1 gousse d'ail
- > 1 cuillère à soupe de nepita
- > huile d'olive
- > sel, poivre

La nepita est une plante aromatique corse proche de la menthe.

Couper les aubergines en dés sans les peler. Mettre ces dés dans un grand plat et les saler. ¶ Les laisser dégorger pendant 1 heure. ¶ Les rincer et bien les sécher. ¶ Faire chauffer un peu d'huile d'olive dans une cocotte. Y faire revenir les lardons et les oignons émincés pendant 5 minutes. ¶ Ajouter les aubergines. ¶ Bien mélanger, saler, poivrer et faire revenir pendant 10 minutes. ¶ Ajouter l'ail haché finement et la nepita 2 minutes avant la fin de la cuisson. ¶ Bien mélanger et servir.

Les poissons et les fruits de mer

Moules à la mode corse

Pour 6 personnes

- 1 kg de moules
- 2 tomates
- 1 oignon
- 3 gousses d'ail
- 1 bouquet de persil
- 1 feuille de laurier
- 1 branche de thym
- chapelure
- huile d'olive
- sel, poivre

Temps de cuisson : 35 min

Nettoyer les moules et les mettre dans une casserole. Les faire ouvrir à sec à feu vif. ¶ Dès qu'elles sont ouvertes, éteindre le feu et les égoutter. ¶ Conserver le jus des moules et le filtrer. Réserver. ¶ Faire chauffer deux cuillères d'huile d'olive dans une cocotte. ¶ Faire étuver l'oignon émincé, les gousses d'ail et le persil hachés pendant 5 minutes. ¶ Peler et épépiner les tomates, puis les couper en dés. Les mettre dans la cocotte. ¶ Ajouter le thym et le laurier, et laisser cuire pendant une vingtaine de minutes. ¶ Verser les moules et leur jus. Saler, poivrer et saupoudrer d'une cuillère à soupe rase de chapelure pour épaissir la sauce. ¶ Laisser mijoter pendant 5 minutes et servir.

Oursinade

Pour 6 personnes

- 6 douzaines d'oursins
- 1 pain de campagne

Pas de cuisson

Maintenir l'oursin dans une main sans serrer. Si vous ne possédez pas l'ustensile spécifique pour découper les oursins, utiliser de vieux ciseaux. ¶ Découper tout le tour de l'oursin, pour décalotter la face la plus plate. ¶ Vider l'oursin de son eau et des restes de coquille. ¶ Disposer les oursins ouverts dans un grand plat. ¶ Déguster immédiatement sans aucun assaisonnement les parties oranges qui sont le « corail » de l'oursin, à l'aide d'une petite cuillère. ¶ Servir avec du pain de campagne tranché.

pages précédentes
Préparation de la bouillabaisse

ci-contre
Moules à la mode corse

Moules gratinées

Pour 6 personnes

Temps de cuisson : 10 min

- 6 douzaines de moules
- 2 œufs
- 1 bouquet de persil
- 1 oignon
- 2 gousses d'ail
- 1 verre de vin blanc
- 1 cuillère à soupe de chapelure
- sel, poivre

Nettoyer les moules et les mettre dans une casserole. Mouiller avec le vin blanc. ¶ Faire ouvrir les moules à feu vif, puis baisser le feu et laisser mijoter 5 minutes. ¶ Égoutter les moules. ¶ Retirer la coquille du dessus et les aligner sur la plaque du four. Hacher finement l'oignon, l'ail et le persil. Saler et poivrer. ¶ Ajouter les œufs battus et la chapelure, puis bien mélanger. ¶ Remplir chaque moule de cette préparation. ¶ Faire gratiner au four pendant 5 minutes. ¶ Servir les moules bien dorées.

Poulpe en salade

Pour 6 personnes

Temps de cuisson : 1 h 30

> 1 poulpe de 1 kg
> huile d'olive
> vinaigre
> quelques brins de persil
> sel, poivre

Faire bouillir le poulpe entier dans une grande quantité d'eau salée pendant une heure et demie. ¶ Quand il est cuit, l'égoutter et le laisser refroidir. ¶ Découper le poulpe en morceaux. ¶ Faire une sauce vinaigrette. Y ajouter le persil haché. ¶ Arroser le poulpe de vinaigrette. ¶ Laisser macérer quelques minutes au réfrigérateur avant de servir.

Encornets farcis

Langoustes grillées

Pour 6 personnes

Temps de cuisson : 8 min

- > 6 langoustes
- > 100 g de beurre
- > 2 gousses d'ail
- > 3 branches de thym
- > sel, poivre

Faire fondre le beurre à feu doux dans une casserole. ¶ Ajouter l'ail finement haché, le thym effeuillé, le sel et le poivre. Bien mélanger et réserver au chaud. ¶ Couper les langoustes vivantes en deux dans le sens de la longueur. ¶ Retirer le filament noir et les poser côté carapace sur la plaque du four. ¶ Les badigeonner de beurre fondu assaisonné. ¶ Les faire cuire sous la grille du four pendant 6 à 8 minutes. ¶ En cours de cuisson, les badigeonner à nouveau de beurre fondu. ¶ Quand les langoustes sont bien dorées, les servir sans attendre.

Encornets farcis

Pour 6 personnes

Temps de cuisson : 40 min

- > 1 kg d'encornets
- > 2 oignons
- > 2 œufs
- > 2 cuillères à café de persil haché
- > 3 tranches de pain rassis
- > 1 verre de lait
- > 500 g de coulis de tomate
- > huile d'olive
- > sel, poivre

Nettoyer soigneusement les encornets à l'eau tiède. Retirer les tentacules et les hacher grossièrement. ¶ Faire tremper le pain dans le lait. ¶ Dans une poêle, faire revenir les oignons hachés avec un peu d'huile d'olive, puis ajouter les tentacules et le persil haché. Bien mélanger et laisser cuire 2 minutes. ¶ Mettre ce hachis dans un saladier. ¶ Ajouter les œufs battus et le pain légèrement essoré et émietté. Saler, poivrer et bien mélanger. ¶ Farcir les encornets avec cette préparation et les fermer avec une pique en bois. ¶ Les mettre dans une cocotte. ¶ Les recouvrir de coulis de tomate et faire cuire à petit feu pendant une demi-heure. ¶ Servir avec du riz blanc.

Anguilles frites

Pour 6 personnes

- 1 kg d'anguilles
- 1 gousse d'ail
- 1 petit bouquet de persil
- huile d'olive
- farine
- sel, poivre

Temps de cuisson : 10 min

Peler et vider les anguilles. Bien les sécher. ¶ Les couper en tronçons de cinq centimètres de long, puis les passer légèrement dans la farine. ¶ Faire chauffer 4 cuillères à soupe d'huile dans une poêle. Y faire frire les anguilles à feu moyen pendant une dizaine de minutes en remuant souvent. ¶ Quand elles sont bien dorées, éteindre le feu. ¶ Parsemer d'ail et de persil finement hachés. ¶ Bien mélanger et servir.

Morue frite

Pour 6 personnes

- 1 kg de morue salée
- huile d'olive
- 1 petit bouquet de persil
- farine
- poivre

Temps de cuisson : 10 min

La veille, faire dessaler la morue dans de l'eau claire pendant 12 heures. ¶ Le lendemain, égoutter la morue et la couper en morceaux. ¶ Passer les morceaux de morue à la farine et les faire frire dans une poêle avec de l'huile d'olive, 5 minutes de chaque côté. ¶ Poivrer, saupoudrer de persil haché et servir. ¶ Accompagner ce plat de pommes de terre bouillies.

ci-contre
Morue frite

Bouillabaisse

Pour 6 personnes

- > 1 kg de petits poissons de roche
- > 1 kg de poissons variés : baudroie, rascasse, congre, daurade
- > 12 petits crabes
- > 2 oignons
- > 3 tomates
- > 3 gousses d'ail
- > 1 bouquet garni
- > 1 branche de fenouil
- > 1/2 cuillère à café de safran en poudre
- > 1 cuillère à café de concentré de tomate
- > 6 tranches de pain de campagne rassis
- > huile d'olive
- > sel, poivre

Temps de cuisson : 55 min

Nettoyer et vider les petits poissons de roche. ¶ Émincer l'ail et les oignons, puis couper les tomates en quartiers. ¶ Faire revenir tous ces légumes dans une cocotte avec un peu d'huile d'olive pendant 5 minutes. ¶ Verser deux litres d'eau froide. Y plonger le bouquet garni, la branche de fenouil et les poissons de roche entiers. Saler, poivrer et porter à ébullition. ¶ Faire cuire à petits bouillons pendant une demi-heure. ¶ Retirer le bouquet garni et passer tout le reste au moulin à légumes. ¶ Filtrer la soupe au chinois. ¶ Ajouter le concentré de tomate et le safran. Bien mélanger et réserver sur feu doux. ¶ Nettoyer les crabes et les autres poissons. Couper les plus gros en tronçons. ¶ Plonger les poissons et les crabes dans le bouillon. ¶ Porter à ébullition, puis baisser le feu et laisser cuire à feu doux pendant 20 minutes. ¶ Frotter les tranches de pain à l'ail et les couper en petits dés. Les faire frire dans une poêle avec de l'huile d'olive. ¶ Servir les poissons dans un plat à part, le bouillon dans une soupière et accompagner de croûtons à l'ail.

Rougets grillés au fenouil

Pour 6 personnes

- > 12 petits rougets
- > 3 branches de fenouil
- > 1 branche de thym
- > 2 tomates
- > 2 oignons
- > huile d'olive
- > sel, poivre

Temps de cuisson : 18 min

Laver les rougets, les essuyer et les vider. ¶ Ne pas les écailler ; une fois cuits, la peau sera plus facile à ôter. ¶ Hacher le fenouil. ¶ Émincer les oignons. ¶ Peler, épépiner et concasser les tomates. ¶ Dans une poêle, faire revenir les oignons pendant 2 à 3 minutes. ¶ Ajouter le fenouil, les tomates, le thym effeuillé, le sel et le poivre. ¶ Faire revenir à feu doux pendant une dizaine de minutes. ¶ Pendant ce temps, faire cuire les rougets entiers sur un grill, 5 minutes de chaque côté. ¶ Servir les rougets nappés de sauce au fenouil.

ci-contre
Ingrédients pour la bouillabaisse

Thon aux olives

Filets de denti aux poivrons

Pour 6 personnes

Temps de cuisson : 35 min

> 6 filets de denti
> 3 poivrons rouges
> 3 poivrons verts
> 2 oignons
> 2 gousses d'ail
> 1 cuillère à soupe de miel
> huile d'olive
> sel, poivre

Laver et essuyer les poivrons. Les passer sous la grille du four pendant une vingtaine de minutes, en les retournant sous toutes les faces. ¶ Quand la peau des poivrons noircit, les retirer du four. ¶ Les laisser refroidir quelques instants, puis les peler. ¶ Les découper en lanières et les réserver. ¶ Faire chauffer une cuillère à soupe d'huile d'olive dans une cocotte. Y faire dorer les filets de poisson une minute de chaque côté pour qu'ils se colorent. Saler, poivrer et les réserver. ¶ Dans la même cocotte, ajouter une cuillère à soupe d'huile d'olive. Y faire revenir les oignons et l'ail émincés à feu doux pendant 2 minutes, jusqu'à ce que les oignons soient transparents. ¶ Verser la cuillère de miel et bien mélanger. ¶ Ajouter les lanières de poivrons. Saler et poivrer. ¶ Faire chauffer à feu vif pendant 3 minutes en remuant, puis baisser le feu. Mettre les filets de denti dans la cocotte. ¶ Couvrir et laisser mijoter pendant 8 minutes à feu très doux. ¶ Servir les filets de poisson sur le lit de poivrons.

Thon aux olives

Pour 6 personnes

Temps de cuisson : 35 min

> 2 ou 3 tranches de thon selon la grosseur
> 1 vingtaine d'olives noires dénoyautées
> 3 tomates
> 2 oignons
> 2 branches de thym
> 1 feuille de laurier
> 1 petite boîte de filets d'anchois à l'huile
> huile d'olive
> sel, poivre

Faire revenir les tranches de thon à la poêle avec un peu d'huile d'olive, 2 minutes de chaque côté. Réserver. ¶ Émincer les oignons et les mettre dans une cocotte avec un peu d'huile d'olive. ¶ Dès qu'ils blondissent, ajouter les tomates pelées, épépinées et concassées, et les filets d'anchois grossièrement hachés au couteau. ¶ Ajouter le thym, le laurier, le sel et le poivre. ¶ Bien mélanger et laisser cuire pendant 15 minutes à feu doux. ¶ Mettre les tranches de thon et les olives noires dans la cocotte. ¶ Couvrir et laisser cuire à feu très doux pendant 15 minutes de plus. ¶ Servir les tranches de thon nappées de sauce aux olives.

Sardines farcies au brocciu

Pour 6 personnes

- 30 sardines
- 2 œufs
- 500 g de brocciu
- 1 petit bouquet de persil
- huile d'olive
- farine
- sel, poivre

Temps de cuisson : 6 min

Préparer la farce : écraser le brocciu à la fourchette. ¶ Y incorporer le persil haché et les œufs battus. Saler et poivrer. Bien mélanger et réserver. ¶ Couper la tête des sardines et les ouvrir par le ventre, en prenant soin de ne pas séparer les filets. ¶ Retirer l'arrête centrale. ¶ Essuyer l'intérieur des sardines et les farcir. ¶ Replier soigneusement les filets, puis rouler les sardines farcies dans la farine. ¶ Faire chauffer 3 ou 4 cuillères à soupe d'huile d'olive. Y faire frire les sardines dans l'huile chaude pendant 5 à 6 minutes en les retournant à mi-cuisson. ¶ Servir les sardines bien grillées. Rallonger la cuisson si nécessaire en fonction de la grosseur des sardines.

Pâtes aux langoustes

Pour 6 personnes

Temps de cuisson : 50 min

- > 6 langoustes
- > 1 verre de vin blanc
- > 500 g de spaghettis
- > 500 g de tomates
- > 2 oignons
- > 2 gousses d'ail
- > 1 morceau de sucre
- > 1 petit bouquet de basilic
- > 1 pincée de poudre de piment fort
- > huile d'olive
- > sel, poivre

Hacher grossièrement l'ail et les oignons. ¶ Faire revenir ce hachis dans une cocotte avec un peu d'huile d'olive. ¶ Peler, épépiner et couper les tomates en cubes, puis les mettre dans la cocotte. Saler, poivrer, ajouter le morceau de sucre et une pincée de piment. ¶ Bien remuer et faire mijoter à feu doux pendant une demi-heure. La sauce doit être bien épaisse. Réserver. ¶ Couper les langoustes vivantes en deux dans le sens de la longueur. ¶ Retirer le filament noir. ¶ Prélever le corail des têtes des langoustes et le mettre dans la sauce tomate. ¶ Faire chauffer un peu d'huile dans une grande poêle ou une grande cocotte. ¶ Faire cuire les langoustes côté chair pendant 2 à 3 minutes, puis les retourner côté carapace. ¶ Mouiller avec le vin blanc. Saler, poivrer et couvrir. ¶ Laisser cuire à petit feu pendant 8 minutes. ¶ Pendant ce temps, faire cuire les spaghettis dans un grand volume d'eau salée. Ils doivent être « al dente », c'est-à-dire tendres et fermes (compter 7 minutes environ). ¶ Les égoutter et les mettre dans la cocotte contenant la sauce tomate. Bien mélanger. ¶ Ajouter les langoustes cuites. ¶ Couvrir et laisser chauffer quelques minutes avant de servir.

Les viandes et les volailles

Poulet bastiaise

Pour 6 personnes

Temps de cuisson : 1 h 05

- 1 gros poulet
- 150 g de champignons secs
- 150 g de lardons
- 200 g d'olives noires dénoyautées
- 500 g de pommes de terre
- 4 tomates
- 1 verre à liqueur de fine Napoléon
- huile
- sel, poivre

Faire chauffer un peu d'huile dans une cocotte. Y faire revenir le poulet entier sous toutes les faces pour qu'il se colore, environ 5 minutes. ¶ Peler les pommes de terre et les couper en dés. ¶ Couper les tomates en quartiers. ¶ Mettre dans la cocotte les lardons, les champignons, les dés de pommes de terre, les quartiers de tomate et les olives noires. Saler et poivrer. ¶ Bien mélanger et mouiller avec un demi-verre d'eau et la fine Napoléon. ¶ Couvrir et laisser cuire à petit feu pendant 1 heure. ¶ Remuer de temps en temps en cours de cuisson. ¶ Le poulet et les légumes seront très moelleux. Voir l'illustration page précédente.

pages précédentes
Poulet bastiaise

Ragoût de mouton

Pour 6 personnes

Temps de cuisson : 1 h 20

- 1 kg d'épaule de mouton
- 1 kg de pommes de terre
- 500 g d'oignons grelots
- 3 gousses d'ail
- 150 g d'olives vertes dénoyautées
- 2 cuillères à soupe de coulis de tomate
- 1 bouquet garni
- 2 cuillères à soupe de farine
- sel, poivre

Peler les pommes de terre et les couper en dés. ¶ Peler les oignons grelots. ¶ Faire chauffer un peu d'huile dans une cocotte, y faire revenir les pommes de terre et les oignons pendant 5 minutes. ¶ Les retirer et les réserver. ¶ Couper la viande de mouton en gros cubes et les faire revenir dans la même cocotte. ¶ Quand la viande est bien rissolée, saupoudrer de farine. ¶ Faire dorer, puis mouiller avec le coulis de tomate. ¶ Couvrir d'eau. ¶ Ajouter le bouquet garni et les gousses d'ail pelées et écrasées. Saler et poivrer. ¶ Faire cuire pendant trois quarts d'heure à petit feu, puis ajouter les dés de pomme de terre, les oignons et les olives. ¶ Faire cuire pendant une demi-heure supplémentaire. ¶ Servir bien chaud.

Ragoût de mouton

Veau aux olives

Cabri en sauce d'Andrée Luciani

de l'hôtel-restaurant Kyrié

Pour 4 personnes

Temps de cuisson : 2 h 20

Faire revenir les morceaux de cabri dans une cocotte avec un peu d'huile d'olive jusqu'à ce qu'ils soient bien dorés. ¶ Ajouter l'oignon haché. ¶ Faire rissoler quelques minutes, puis incorporer le concentré de tomate. ¶ Mouiller avec le vin rouge. ¶ Laisser mijoter à découvert pendant une dizaine de minutes. ¶ Quand la sauce est bien réduite, verser un grand verre d'eau bouillante. Plonger le bouquet garni. ¶ Couvrir et laisser cuire à petit bouillons pendant 2 heures. ¶ À mi-cuisson, ajouter les gousses d'ail écrasées et le lard de jambon. ¶ Cette recette peut également se réaliser avec de l'épaule d'agneau.

> 2 épaules de cabri désossées et coupées en morceaux
> 1 oignon
> 4 gousses d'ail
> 1 bouquet garni
> 1 cuillère à soupe de concentré de tomate
> 1 verre de vin rouge
> 1 morceau de lard de jambon
> huile d'olive
> sel, poivre

Veau aux olives

Pour 6 personnes

Temps de cuisson : 1 h 40

Couper le veau en cubes. ¶ Faire chauffer deux cuillères à soupe d'huile d'olive dans une cocotte. Y faire rissoler les morceaux de veau pendant 5 minutes en remuant souvent. ¶ Quand ils sont dorés, les retirer et les réserver. ¶ Dans la même cocotte, faire revenir la panzetta coupée en dés, l'oignon haché et les gousses d'ail pelées et écrasées pendant 2 à 3 minutes. ¶ Ajouter la viande, le laurier et le thym. Saler et poivrer. ¶ Mouiller avec les deux verres de vin et rajouter un verre d'eau. ¶ Porter à ébullition, puis baisser le feu, couvrir et laisser cuire pendant 1 heure. ¶ Ajouter les olives et le coulis de tomate, et poursuivre la cuisson pendant une demi-heure. ¶ Servir ce plat avec des pommes de terre bouillies ou du riz blanc.

> 1 kg d'épaule de veau
> 200 g d'olives vertes dénoyautées
> 2 tranches de panzetta ou de lard
> 1 oignon
> 3 gousses d'ail
> 3 cuillères à soupe de coulis de tomate
> 1 verre de vin blanc
> 1 verre de vin rouge
> 2 feuilles de laurier
> 1 branche de thym
> huile d'olive
> sel, poivre

Stuffatu

Pour 6 personnes

Temps de cuisson : 2 h 40

> 600 g de viande de bœuf (gîte, paleron)
> 600 g de viande de mouton (épaule)
> 400 g de jambon corse (prizutti)
> 200 g de champignons secs (cèpes)
> 2 oignons
> 4 gousses d'ail
> 1/2 litre de vin rouge
> 1 bouquet garni
> 1 cuillère à soupe de concentré de tomate
> huile d'olive
> sel, poivre

Faire gonfler les champignons secs dans de l'eau chaude pendant une demi-heure. ¶ Découper la viande en cubes. ¶ Émincer les oignons et hacher l'ail. ¶ Couper le jambon sec en dés. ¶ Faire chauffer un peu d'huile d'olive dans une cocotte. Y faire revenir la viande, le jambon, les oignons et l'ail pendant une dizaine de minutes. ¶ Mouiller avec le vin. ¶ Délayer le concentré de tomate dans un verre d'eau et l'ajouter à la préparation. ¶ Plonger le bouquet garni et les champignons égouttés. Saler et poivrer. ¶ Porter à ébullition, puis baisser le feu et laisser cuire à feu doux pendant 2 heures et demie. ¶ Servir le stuffatu avec des pâtes.

Tripes

Pour 6 personnes

Temps de cuisson : 5 h 50

> 1,5 kg de tripes
> 2 tranches de panzetta ou de lard
> 3 carottes
> 2 oignons
> 2 gousses d'ail
> 1 verre de vin rouge
> 1 louche de coulis de tomate
> 1 bouquet garni
> 1 oignon piqué de 2 clous de girofle
> huile d'olive
> sel, poivre

Faire tremper les tripes dans de l'eau froide pendant 24 heures. ¶ Les laver soigneusement. ¶ Faire bouillir une grande quantité d'eau salée dans un faitout. Y plonger les tripes, le bouquet garni et l'oignon piqué de clous de girofle. ¶ Les laisser cuire à petits bouillons pendant 5 heures. ¶ Quand elles sont cuites, les égoutter et les couper en morceaux. ¶ Faire chauffer un peu d'huile d'olive dans une cocotte. Y faire revenir la panzetta coupée en dés, les carottes coupées en rondelles, les gousses d'ail et les oignons hachés pendant 5 minutes. ¶ Ajouter les tripes et mouiller avec le vin et le coulis de tomate. Saler et poivrer généreusement. ¶ Faire mijoter à feu doux pendant trois quarts d'heure. ¶ Servir brûlant.

pages suivantes
Beghia de Dédé le berger

Beghia de Dédé le berger

Pour 6 personnes

Temps de cuisson : 50 min

> 600 g de viande de porc
> 1 kg de pommes de terre
> 2 cuillères à soupe de saindoux ou 2 cuillères à soupe d'huile
> un bain de friture de saindoux ou d'huile
> 1/2 litre de vin rouge corse (Regino)
> 1 tête d'ail
> 1 cuillère à soupe de concentré de tomate
> 3 feuilles de laurier
> sel, poivre

Ce plat se prépare l'hiver à l'époque de la tue-cochon. Il faut en effet utiliser les bas morceaux du cochon n'ayant pas d'utilité dans la confection de la charcuterie. On peut aussi réaliser cette recette avec des morceaux de porc assez gras achetés chez le boucher.

Couper la viande de porc en cubes. ¶ Faire chauffer deux cuillères à soupe de saindoux dans une poêle. Y faire frire les morceaux de viande en remuant souvent pendant une dizaine de minutes. ¶ Les égoutter et les réserver. ¶ Peler les pommes de terre et les couper en quartiers. Les plonger dans un bain de friture de saindoux ou d'huile bien chaud. ¶ Ajouter la tête d'ail coupée en deux. ¶ Faire cuire les frites environ 10 minutes. Quand elles sont cuites, elles doivent émettre un « bruit de papier froissé » (dixit Dédé le berger). ¶ Les égoutter et les réserver. ¶ Faire chauffer un demi-litre de vin rouge et y délayer le concentré de tomate. Plonger deux feuilles de laurier, saler et poivrer. ¶ Mettre le porc et les frites dans cette sauce. ¶ Bien mélanger et laisser mijoter jusqu'à complète absorption du liquide (environ une demi-heure). ¶ Servir immédiatement.

Pâté de macaronis

Pour 6 personnes

Temps de cuisson : 2 h 40

> 600 g de macaronis
> 600 g d'épaule de veau
> 500 g de champignons blancs
> 100 g d'olives vertes dénoyautées
> 2 oignons
> 2 tomates
> 2 œufs
> 100 g de parmesan râpé
> 1 bouquet garni
> chapelure
> huile d'olive
> beurre
> sel, poivre

Préparer un sauté de veau : couper le veau en cubes. ¶ Émincer les oignons et couper les tomates en quartiers. ¶ Nettoyer les champignons et les couper en lamelles. ¶ Hacher les gousses d'ail. ¶ Faire chauffer un peu d'huile dans une cocotte. Y faire revenir ensemble le veau, les oignons, les tomates, les champignons et l'ail pendant 10 minutes. ¶ Mouiller avec deux verres d'eau et plonger le bouquet garni. ¶ Ajouter les olives. Saler et poivrer. ¶ Faire mijoter à feu doux pendant 2 heures. ¶ Quand le sauté de veau est cuit, retirer le bouquet garni et passer la viande et les légumes au moulin à légumes. Réserver. ¶ Faire cuire les macaronis dans de l'eau bouillante salée, pendant 8 minutes. Ils doivent être *al dente*, c'est-à-dire tendres et fermes. ¶ Mélanger le sauté de veau haché avec les macaronis. ¶ Ajouter deux œufs battus et le parmesan. Bien mélanger. ¶ Verser le tout dans un plat à gratin beurré. Saupoudrer de chapelure. ¶ Faire gratiner à four chaud pendant une dizaine de minutes. ¶ Servir tiède.

pages suivantes
Gigot d'agneau aux herbes du maquis

PATRIMONIO
AROMATES NATURELS DU MAQUIS
CORSE

Côtes de veau farcies

Pour 6 personnes

- > 6 côtes de veau épaisses
- > 6 petites tranches de jambon sec
- > 100 g de brocciu sec
- > 2 branches de thym
- > huile d'olive
- > farine
- > sel, poivre

Temps de cuisson : 12 min

Effeuiller les branches de thym et réserver. ¶ Poêler les tranches de jambon 30 secondes de chaque côté et réserver. ¶ Tailler le brocciu sec en copeaux et réserver. ¶ Entailler chaque côte de veau dans l'épaisseur de la chair presque jusqu'à l'os. ¶ Ouvrir les côtes ainsi entaillées et y insérer une tranche de jambon poêlée, quelques copeaux de brocciu et un peu de thym effeuillé. ¶ Refermer les côtes à l'aide d'une pique en bois. Les saler et les poivrer, puis les passer légèrement à la farine. ¶ Faire chauffer 4 cuillères à soupe d'huile d'olive (elle doit être bien chaude) dans une grande poêle. Y faire cuire les côtes de veau farcies pendant une dizaine de minutes en les retournant de temps en temps pour qu'elles ne brûlent pas. ¶ Égoutter sur du papier absorbant et servir.

Gigot d'agneau aux herbes du maquis

Pour 4 personnes

- > 1 gigot d'agneau de 1 kg
- > 3 cuillères à soupe d'herbes du maquis
- > 2 gousses d'ail
- > huile
- > sel, poivre

Temps de cuisson : 30 min

Peler et couper les gousses d'ail en quatre. ¶ Piquer le gigot de pointes d'ail. Le saler, le poivrer et l'huiler légèrement. ¶ Rouler le gigot dans les herbes du maquis; veiller à ce qu'il soit bien « pané » d'herbes aromatiques. Le laisser reposer 1 heure. ¶ Le mettre dans un plat et le faire cuire à four chaud pendant une demi-heure (15 minutes par livre). ¶ L'arroser au cours de la cuisson. ¶ Quand il est cuit, le retirer du four et l'emballer immédiatement dans du papier d'aluminium. ¶ Le laisser reposer ainsi 5 minutes avant de le découper en tranches fines.

Figatellis grillés

Pour 6 personnes

Temps de cuisson : 10 min

Les figatellis, qui comptent parmi les nombreuses spécialités de charcuteries corses, sont des saucisses fumées composées de viande et de foie de porc.

> 3 figatellis
> 1 pain de campagne

Couper les figatellis en tronçons de 3 à 4 centimètres. Les piquer à une grande fourchette ou à une broche. ¶ Couper le pain de campagne en deux et le poser près du feu de cheminée. ¶ Faire griller les figatellis au-dessus des braises. ¶ Dès qu'ils commencent à suer, les poser sur le pain afin de récupérer la graisse. ¶ Renouveler l'opération jusqu'à ce que les figatellis soient bien grillées et que le pain soit bien imbibé. ¶ Déguster les figatellis et le pain ainsi préparés ensemble.

Figatellis aux œufs

Pour 4 personnes

Temps de cuisson : 5 min

> 1 figatellu
> 8 œufs
> huile d'olive
> sel, poivre

Couper le figatellu en tranches d'1/2 centimètre d'épaisseur. ¶ Faire chauffer 2 cuillères à soupe d'huile d'olive dans une grande poêle. Répartir les tranches du figatellu dans la poêle et laisser rissoler pendant 1 minute. ¶ Casser les œufs dans la poêle et faire cuire pendant environ 4 minutes. Saler et poivrer. ¶ Quand le blanc des œufs est cuit, servir aussitôt.

Chou farci à la mode corse

Pour 6 personnes

Temps de cuisson : 2 h

> 1 gros chou
> 300 g de restes de pot au feu ou de volaille rôtie
> 2 tranches de jambon sec
> 300 g d'épinards ou de blettes
> 1 œuf
> 3 tranches de pain
> 1/2 verre de lait
> 1 petit bouquet de persil
> 1 gousse d'ail
> 1 grande boîte de tomates entières pelées
> 1 oignon
> 2 feuilles de laurier
> huile d'olive
> sel, poivre

Séparer les feuilles de chou. Les faire blanchir quelques minutes à l'eau bouillante. ¶ Les égoutter et les réserver. ¶ Faire cuire les épinards ou les blettes dans de l'eau salée pendant 5 minutes. Bien les égoutter et les hacher. ¶ Hacher les restes de pot au feu ou de volaille ou les deux mélangés. ¶ Ajouter les épinards ou les blettes, le jambon haché, l'œuf, la mie de pain préalablement trempée dans le lait, l'ail et le persil hachés, le sel et le poivre. Bien malaxer la farce. ¶ Reconstituer le chou, feuille par feuille en insérant une couche de farce entre chaque feuille. ¶ Bien ficeler le chou ainsi reconstitué, pour le maintenir en forme. Réserver. ¶ Dans une cocotte, faire revenir deux cuillères à soupe d'huile d'olive. Y faire revenir l'oignon haché pendant 3 minutes. ¶ Ajouter les tomates coupées en morceaux et leur jus. Saler, poivrer et plonger les deux feuilles de laurier. ¶ Faire mijoter pendant un quart d'heure. ¶ Placer le chou farci dans la cocotte. ¶ Couvrir et laisser cuire à petit feu pendant 1 heure et demie. ¶ Servir le chou farci nappé de sauce tomate.

Les gibiers

Grives ou merles en brochette

Pour 6 personnes

> 12 grives ou merles
> 12 tranches de panzetta ou de lard
> sel, poivre

Temps de cuisson : 20 min

Plumer et vider les grives. Les passer à la flamme pour brûler les dernières petites plumes. Les saler et les poivrer à l'intérieur et à l'extérieur. ¶ Les barder d'une tranche de panzetta ou de lard. ¶ Les enfourcher sur une broche. ¶ Les faire rôtir au-dessus des braises d'un feu de cheminée en tournant régulièrement les brochettes pendant 20 minutes. ¶ Les servir bien dorées.

Grives aux raisins

Pour 6 personnes

> 12 grives
> 1 belle grappe de raisin blanc
> 1 oignon
> 1 branche de thym
> 1/2 verre de vin blanc sec
> huile d'olive
> sel, poivre

Temps de cuisson : 35 min

Peler l'oignon et l'émincer. Réserver. ¶ Plumer et vider les grives. Les passer à la flamme pour brûler les dernières petites plumes. ¶ Faire chauffer trois cuillères à soupe d'huile d'olive dans une cocotte ; y faire sauter les grives entières à feu vif pendant 5 minutes, puis retirer. ¶ Dans la même cocotte, faire revenir l'oignon émincé pendant 5 minutes. ¶ Dès qu'il est doré, remettre les grives dans la cocotte. Saler et poivrer. Parsemer de thym effeuillé. ¶ Mouiller avec le vin blanc sec. ¶ Faire cuire à couvert et à petit feu pendant un quart d'heure. ¶ Peler et épépiner les raisins. Les mettre dans la cocotte. ¶ Laisser cuire 10 minutes de plus. ¶ Utiliser un chauffe-plat de table pour servir très chaud.

pages précédentes
Grives aux raisins

Pigeons ramiers en salmis

Pour 6 personnes

Temps de cuisson : 2 h

- 3 pigeons ramiers
- 2 oignons
- 2 carottes
- 100 g de lardons (panzetta)
- 1/2 litre de vin rouge
- 1 verre d'eau
- 1 bouquet garni
- farine
- 6 tranches de pain grillé
- sel, poivre

Découper les pigeons en quatre. ¶ Faire chauffer un peu d'huile dans une cocotte. Y faire revenir les morceaux de pigeons à feu vif pendant quelques minutes. ¶ Ajouter les oignons émincés, les carottes coupées en rondelles et les lardons. Bien mélanger et faire dorer pendant 5 minutes. ¶ Mouiller avec le vin rouge et le verre d'eau. Plonger le bouquet garni. Saler et poivrer. ¶ Couvrir et laisser cuire pendant 2 heures en remuant de temps en temps. ¶ Une demi-heure avant la fin de la cuisson, délayer une cuillère à soupe rase de farine dans un demi-verre d'eau tiède et le verser dans la cocotte. Bien mélanger et terminer la cuisson. ¶ Avant de servir, déposer une tranche de pain grillé dans l'assiette de chaque convive.

pages suivantes
Perdreaux au chou

CORS

Corsica

ci-dessus
Perdreaux

Perdreaux au chou

Pour 6 personnes

- 3 perdreaux
- 1 chou
- 2 oignons
- 1 verre de bouillon de poule
- 3 tranches de panzetta ou de lard
- huile
- sel, poivre

Temps de cuisson : 1 h 15

Saler et poivrer l'intérieur et l'extérieur des perdreaux. ¶ Les barder avec les tranches de panzetta ou de lard. ¶ Les disposer dans un plat à four légèrement huilé et les faire rôtir à four chaud pendant 10 minutes en les retournant une fois. ¶ Pendant ce temps, découper le chou en lanières et hacher les oignons. ¶ Faire chauffer un peu d'huile dans une cocotte; y faire revenir les légumes pendant 5 minutes, en remuant souvent. ¶ Mouiller avec le bouillon et laisser mijoter une demi-heure. ¶ Retirer les perdreaux du plat à four. ¶ Dans ce même plat, verser le chou aux oignons. Sur ce lit de légumes fondus, disposer les perdreaux. ¶ Faire cuire le tout à four moyen pendant un quart d'heure. ¶ Servir un demi-perdreau par personne.

Daube de sanglier

Pour 6 personnes

Temps de cuisson : 3 h 05

- > 1 kg de viande de sanglier
- > 1 litre de vin rouge
- > 3 cuillères à soupe de coulis de tomate
- > 1 bouquet garni
- > 2 feuilles de laurier
- > 2 gousses d'ail
- > 2 oignons
- > farine
- > huile
- > sel, poivre

Couper la viande de sanglier en cubes et la mettre dans une terrine. ¶ Ajouter une gousse d'ail écrasée, un oignon émincé et le bouquet garni. ¶ Couvrir de vin rouge. Bien mélanger et laisser mariner 4 heures. ¶ Égoutter et sécher les morceaux de sanglier. Filtrer la marinade et réserver. ¶ Faire chauffer un peu d'huile dans une cocotte et y faire revenir le sanglier. ¶ Ajouter une gousse d'ail et un oignon hachés. ¶ Faire rissoler pendant 5 minutes en remuant souvent. ¶ Saupoudrer d'une bonne cuillère à soupe de farine, puis mouiller avec la marinade. ¶ Ajouter le coulis de tomate et un verre d'eau. Plonger les feuilles de laurier. Saler et poivrer. ¶ Porter à ébullition, puis baisser le feu et laisser mijoter pendant 3 heures. ¶ Servir la daube de sanglier avec des pâtes fraîches.

Les desserts et les alcools

Tarte plate à la châtaigne de Madame Orabona

Pour 6 personnes

- > 250 g de farine de châtaigne
- > 1 pincée de sel
- > 150 g de sucre
- > 3 œufs
- > 1/2 litre de lait
- > 50 g de beurre
- > 100 g de raisins secs
- > 100 g de cerneaux de noix

Temps de cuisson : 30 min

Faire une pâte à crêpes : mettre la farine de châtaigne dans un saladier. Ajouter le sel et le sucre, puis incorporer les œufs et le lait. ¶ Faire fondre le beurre et l'ajouter à la pâte. ¶ Ajouter les raisins secs et les cerneaux de noix. Bien mélanger. ¶ Verser la pâte dans un moule à manqué beurré et fariné. ¶ Faire cuire à four chaud pendant une demi-heure.

pages précédentes

Gâteau des morts

Flan à la farine de châtaigne

Pour 6 personnes

Temps de cuisson : 45 min

- > 150 g de farine de châtaigne
- > 1 litre de lait
- > 1 gousse de vanille
- > 200 g de sucre
- > 5 œufs

Faire bouillir le lait avec la gousse de vanille, puis laisser infuser pendant 10 minutes. ¶ Mettre la farine dans un saladier. Verser progressivement le lait sans cesser de remuer. ¶ Remettre la préparation dans une casserole et faire cuire à feu doux pendant 10 minutes, en remuant constamment avec une cuillère en bois. Éteindre le feu et réserver. ¶ Battre les œufs avec le sucre dans un grand saladier. ¶ Verser la préparation réservée sur les œufs en battant avec une fourchette. ¶ Verser le tout dans un moule. ¶ Faire cuire au bain-marie pendant une demi-heure. ¶ Servir frais.

Gâteau aux deux farines

Pour 6 personnes

- 125 g de farine de châtaigne
- 125 g de farine de blé
- 125 g de sucre
- 1 sachet de levure
- 1 sachet de sucre vanillé
- 4 œufs
- 250 g de beurre

Temps de cuisson : 40 min

Mélanger les deux farines dans un saladier. ¶ Ajouter le sucre, la levure et le sucre vanillé. ¶ Incorporer les œufs un à un, puis le beurre fondu. Bien mélanger. ¶ Verser la préparation dans un moule à manqué et faire cuire à four moyen pendant 40 minutes. ¶ Laisser refroidir le gâteau avant de le démouler.

Gâteau aux noix

Pour 6 personnes

- 350 g de farine de châtaigne
- 250 g de cerneaux de noix
- 50 g de sucre
- 1 verre de lait
- 2 cuillères à soupe d'huile
- 1 pincée de sel
- beurre

Temps de cuisson : 20 min

Mettre la farine dans un saladier. Verser peu à peu le lait en mélangeant sans cesse. ¶ Ajouter le sel, le sucre, l'huile et les cerneaux de noix. ¶ Verser la préparation dans un moule à manqué beurré. ¶ Faire cuire à four chaud pendant 20 minutes.

Gâteau aux deux farines

Gâteaux de Pâques

Gâteaux de Pâques

Pour 6 personnes

Temps de cuisson : 20 min

- > 6 œufs durs
- > 350 g de farine
- > 75 g de sucre
- > 200 g de beurre
- > 2 œufs
- > 1 pincée de sel
- > 1 cuillère à soupe d'apéritif anisé

Mettre la farine dans un saladier. Ajouter une pincée de sel, un œuf, le sucre, le beurre ramolli et l'apéritif anisé. ¶ Pétrir la pâte et ajouter un peu d'eau si nécessaire. ¶ Faire une boule de pâte et la laisser reposer pendant 2 heures. ¶ Prélever un tiers de la pâte et la réserver. Partager la pâte restante en six portions égales. ¶ Confectionner six petites boules de pâte. Les aplatir légèrement avec la paume de la main. ¶ Incruster un œuf dur dans chaque boule. ¶ Avec le tiers de pâte réservée, former un rouleau d'un centimètre de diamètre. Couper le rouleau en tronçons de 5 centimètres de long. ¶ Utiliser ces tronçons comme des croisillons pour maintenir les œufs sur la pâte. ¶ Badigeonner les gâteaux de jaune d'œuf. Les aligner sur une plaque huilée et farinée. ¶ Faire cuire à four chaud pendant 20 minutes. ¶ Les gâteaux doivent être bien dorés.

pages suivantes
Imbrocciate

Imbrocciate

Pour 6 personnes

Temps de cuisson : 15 min

- > 250 g de pâte feuilletée
- > 500 g de brocciu
- > 150 g de sucre
- > 4 œufs
- > 2 cuillères à soupe de rhum

Étaler la pâte feuilletée au rouleau à pâtisserie. ¶ Foncer six petits moules à tartelettes. ¶ Mélanger tous les ingrédients et remplir les moules. ¶ Faire cuire à four chaud pendant 15 minutes. ¶ Le rhum peut être remplacé par une cuillère à soupe de café soluble ou un zeste de citron.

Frappes ou oreillettes

Pour 6 personnes

Temps de cuisson : 20 min

- > 500 g de farine
- > 1 pincée de sel
- > 1 sachet de levure chimique
- > 50 g de sucre
- > 2 œufs
- > 1/2 verre de lait
- > 1/2 verre d'huile
- > bain d'huile de friture
- > sucre glace ou en poudre

Mettre la farine dans un saladier. Ajouter le sel, la levure et le sucre. ¶ Incorporer les œufs, puis l'huile et le lait. ¶ Bien pétrir la pâte et la laisser reposer pendant 2 heures. ¶ Étaler la pâte au rouleau sur 1/2 centimètre d'épaisseur. Découper des rectangles de 2 centimètres sur quatre, ou utiliser un emporte-pièce. ¶ Faire chauffer l'huile de friture et faire cuire les frappes dans l'huile très chaude pendant 2 à 3 minutes. ¶ Dresser sur un plat et saupoudrer de sucre glace ou en poudre.

Rissoles au brocciu

Pour 6 personnes

Temps de cuisson : 20 min

- > 250 g de farine
- > 50 g de beurre
- > 1 œuf
- > 1 sachet de levure chimique
- > 1 verre de lait
- > 1 brousse de 500 g
- > 100 g de sucre
- > 1 bain d'huile de friture

Mettre la farine dans un saladier. Ajouter la levure, l'œuf, le beurre fondu et le lait. ¶ Bien malaxer pour obtenir une boule de pâte. Réserver. ¶ Écraser la brousse à la fourchette. ¶ Ajouter 50 g de sucre et bien mélanger. Réserver. ¶ Étaler la pâte au rouleau à pâtisserie. Découper des rectangles de quatre centimètres sur trois. ¶ Sur chaque rectangle de pâte, poser une cuillère à café de brousse écrasée et sucrée. ¶ Replier la pâte pour former des petits pâtés. ¶ Faire frire les rissoles 2 à 3 minutes dans un bain de friture bien chaud. ¶ Saupoudrer de sucre et servir tiède.

Gâteaux à l'huile

Pour 6 personnes

Temps de cuisson : 10 min

- > 300 g de sucre
- > 4 œufs
- > 300 g de farine
- > 1/2 verre d'huile
- > 1/2 sachet de levure
- > 1 citron

Mettre le sucre dans un saladier. ¶ Ajouter les jaunes d'œuf. Battre à la fourchette pendant quelques minutes. ¶ Incorporer la levure, l'huile, la farine, le zeste de citron et les blancs d'œuf battus en neige. ¶ Prélever une cuillère de pâte, lui donner un forme de croissant, la rouler dans la farine et la déposer sur un plaque. ¶ Faire cuire les gâteaux à four chaud pendant 10 minutes. ¶ Les laisser refroidir avant de les ôter de la plaque.

Biscuits au vin blanc

Pour 6 personnes

Temps de cuisson : 10 min

> 1 verre de vin blanc sec
> 200 g de farine
> 100 g de sucre

Mélanger tous les ingrédients et faire une boule de pâte. ¶ Étaler la pâte au rouleau à pâtisserie sur un demi-centimètre d'épaisseur. Découper des triangles et des cercles au couteau ou à l'emporte-pièce. ¶ Aligner les biscuits sur une plaque légèrement huilée et farinée, et faire cuire à four chaud pendant 10 minutes. ¶ Conserver les biscuits dans une boîte en fer.

Fiadone de Joëlle

Fiadone de Joëlle

Pour 6 personnes

Temps de cuisson : 20 min

Écraser le brocciu ou la brousse à la fourchette. ¶ Ajouter la farine, le sucre, les œufs et le zeste d'un citron. Bien mélanger et verser la préparation dans un moule à manqué beurré. ¶ Faire cuire à four chaud pendant 20 minutes. ¶ Laisser tiédir le gâteau avant de le démouler.

> 500 g de brocciu frais ou de brousse
> 50 g de farine
> 150 g de sucre
> 4 œufs
> 1 citron

Fritellis

Pour 6 personnes

Temps de cuisson : 5 min

Délayer la levure de boulanger dans un demi-verre d'eau tiède. ¶ Ajouter deux cuillères à soupe de farine et mélanger. ¶ Couvrir d'un torchon et laisser ce « levain » reposer deux heures. ¶ Mettre la farine restante dans un saladier. Y incorporer les œufs, 50 g de sucre et le lait. ¶ Ajouter le levain. ¶ Bien pétrir la pâte et la laisser lever pendant 2 heures. ¶ Couper le brocciu en petits cubes. Les enrober de pâte et confectionner des petites boules de la taille d'une noix. ¶ Les faire frire dans l'huile très chaude. ¶ Dès qu'ils sont dorés (environ 1 minute de cuisson), les égoutter. ¶ Saupoudrer les fritellis de sucre et les servir chauds.

> 1 brocciu frais de 500 g
> 500 g de farine
> 2 œufs
> 1/2 verre de lait
> 100 g de sucre
> 20 g de levure de boulanger
> bain d'huile de friture

pages suivantes
Fritellis

MATTEI
CAP CORSE

Pain des Morts

Pour 6 personnes

Temps de cuisson : 45 min

- > 500 g de farine
- > 150 g de sucre
- > 100 g de beurre
- > 2 œufs
- > 15 g de levure de boulanger
- > 1 citron
- > 100 g de cerneaux de noix
- > 100 g de raisins secs
- > 1 pincée de sel

Le pain des Morts est une spécialité de Bonifacio préparée rituellement le jour des Morts, le 2 novembre.

Mettre la farine dans un grand saladier. Délayer la levure de boulanger dans un demi-verre d'eau tiède et la mettre dans la farine. ¶ Ajouter le sel, le sucre, le beurre fondu et les œufs. ¶ Pétrir la pâte pendant une dizaine de minutes. ¶ Ajouter les raisins secs, les cerneaux de noix et le zeste de citron. ¶ Pétrir à nouveau pour bien mélanger. ¶ Faire une boule de pâte, la recouvrir d'un torchon et la laisser reposer pendant 3 heures. ¶ Confectionner un pain rond et le poser sur la plaque du four. ¶ Faire cuire à four moyen pendant trois quarts d'heure. ¶ Laisser refroidir le pain avant de le consommer.

Crêpes à la farine de châtaigne

Pour 6 personnes

Temps de cuisson : 1 à 2 min par crêpe

- > 250 g de farine de châtaigne
- > 100 g de farine de froment
- > 3 œufs
- > 50 g de beurre
- > 50 g de sucre
- > 1/2 litre de lait
- > 1 pincée de sel
- > 1 petit verre d'eau-de-vie ou de liqueur de châtaigne
- > 50 g de sucre en poudre
- > huile

Dans un saladier, délayer les farines et le sel avec les œufs et le lait. ¶ Faire fondre le beurre et l'ajouter à la pâte. ¶ Ajouter le sucre et verser la liqueur. Bien mélanger. ¶ Laisser reposer 2 heures. ¶ Huiler légèrement une poêle antiadhésive et faire cuire les crêpes. ¶ Saupoudrer légèrement de sucre et servir chaud.

ci-contre
Panier de châtaignes

Beignets aux pommes

Pour 6 personnes

> 6 pommes
> 150 g de sucre
> 100 g de cédrat confit
> 300 g de farine
> 3 œufs
> 2 cuillères à soupe d'huile d'olive
> 1 petit verre d'eau-de-vie corse
> sucre glace
> bain d'huile de friture

Temps de cuisson : 30 min

Mettre la farine dans un saladier. Incorporer les jaunes d'œuf, l'eau-de-vie et l'huile. ¶ Laisser reposer pendant 2 heures. ¶ Pendant ce temps, éplucher les pommes et les épépiner. Les couper en morceaux et les mettre dans une casserole avec le cédrat confit haché et le sucre. ¶ Mouiller avec une cuillère à soupe d'eau et faire cuire à feu très doux et à couvert pendant une vingtaine de minutes. ¶ Écraser les pommes pour obtenir une compote. ¶ Monter les blancs d'œuf en neige. Les incorporer à la pâte. ¶ Puis ajouter la compote. Mélanger soigneusement. ¶ Faire chauffer l'huile de friture. ¶ Prélever l'équivalent d'une cuillère à dessert de pâte et la faire glisser dans l'huile de friture bien chaude. ¶ Retirer les beignets dès qu'ils sont dorés (environ 1 minute). ¶ Les égoutter et les saupoudrer de sucre glace.

Panzarottis

Pour 6 personnes

> 300 g de farine
> 100 g de riz rond
> 4 œufs
> 100 g de sucre
> 2 cuillères à soupe d'huile d'olive
> 2 cuillères à soupe d'eau-de-vie
> 20 g de levure de boulanger
> 1 citron
> bain d'huile de friture

Temps de cuisson : 5 min

Délayer la levure de boulanger dans un demi-verre d'eau tiède. ¶ Ajouter deux cuillères à soupe de farine et mélanger. ¶ Couvrir d'un torchon et laisser ce « levain » reposer 2 heures. ¶ Faire cuire le riz dans un grand volume d'eau bouillante pendant 20 minutes. Bien l'égoutter. ¶ Mettre la farine restante dans un saladier. Y incorporer les jaunes d'œuf, 50 g de sucre, l'huile, l'eau-de-vie, le zeste de citron et le riz. ¶ Ajouter le levain et les blancs d'œuf battus en neige. ¶ Bien mélanger et laisser reposer une demi-heure. ¶ Prélever l'équivalent d'une cuillère à dessert de pâte et la faire glisser dans l'huile de friture bien chaude. ¶ Retirer les panzarottis dès qu'ils sont dorés (environ 1 minute). ¶ Les égoutter et les saupoudrer de sucre.

Confiture de châtaignes

Pour 2 pots

Temps de cuisson : 1 h 25

- > 2 kg de châtaignes
- > sucre
- > sel

Peler les châtaignes (la coque) et les peser. Préparer ce même poids en sucre. ¶ Faire bouillir les châtaignes dans un grand volume d'eau salée pendant 1 heure. ¶ Ôter la deuxième peau des châtaignes. Les passer au presse-purée. ¶ Mettre la purée de châtaigne et le sucre dans la bassine à confiture. Mouiller avec un demi-verre d'eau. ¶ Faire cuire à petit feu pendant 25 minutes en remuant souvent. ¶ Verser la confiture dans les pots et laisser refroidir.

Confiture de clémentines

Pour 3 pots

- > 1,5 kg de clémentines
- > 500 g de sucre

Temps de cuisson : 4 h 30

Temps de marinade : 12 h

Peler les clémentines à vif, récupérer 1 kg de pulpe et réserver la peau de deux clémentines dans une boîte hermétique, au frais. ¶ Couper la pulpe en petits morceaux et la mettre dans un grand saladier. ¶ Ajouter le sucre. Bien mélanger. ¶ Laisser mariner pendant 12 heures. ¶ Le lendemain, mettre la pulpe de clémentine dans la bassine à confiture. Faire cuire pendant 4 heures et demie à feu doux. ¶ Pendant ce temps, couper les zestes mis de côté en julienne et les faire blanchir à l'eau bouillante pendant 3 minutes. Les incorporer aux deux tiers de la cuisson. ¶ Mettre la confiture dans les pots et laisser refroidir avant de les fermer.

Châtaignes bouillies

Pour 6 personnes

- > 1 kg de châtaignes
- > 1 pincée de sel
- > 3 feuilles de figuier

Temps de cuisson : 1 h 30

Laver les châtaignes à l'eau claire. Les faire tremper dans un saladier plein d'eau froide. ¶ Jeter les châtaignes qui flottent à la surface (un ver peut se trouver à l'intérieur). ¶ Mettre les châtaignes dans une grande casserole. Saler et recouvrir de feuilles de figuier. ¶ Porter à ébullition, puis baisser le feu et laisser cuire à petits bouillons pendant 1 heure et demie. ¶ Égoutter les châtaignes. ¶ Les servir tièdes.

Châtaignes à l'eau-de-vie

Pour 2 bocaux de 1 litre

Temps de cuisson : 20 min

Macération : 2 mois

> 1,5 kg de châtaignes
> 1 litre d'eau-de-vie
> 300 g de sucre

Peler les châtaignes, puis les plonger dans de l'eau bouillante pendant un quart d'heure. ¶ Les égoutter, puis ôter la deuxième peau des châtaignes. ¶ Ébouillanter, puis essuyer les bocaux. Y mettre les châtaignes. ¶ Faire chauffer l'eau-de-vie dans une casserole. ¶ Ajouter le sucre. Bien mélanger jusqu'à ce que le sucre soit bien dissous. ¶ Laisser tiédir, puis verser le liquide dans les bocaux de châtaignes. ¶ Fermer les bocaux et attendre 2 mois avant de consommer.

Vin de noix

Pour 2 bouteilles de 1 litre

- 1,5 litre de vin rosé
- 1/4 litre d'eau-de-vie
- 15 noix fraîches décortiquées
- 300 g de sucre

Pas de cuisson

Macération : 1 mois

Bien mélanger les ingrédients et verser dans une bonbonne. ¶ Laisser macérer pendant un mois. ¶ Filtrer et mettre en bouteilles.

Liqueur de myrte

Pour 2 bouteilles de 75 cl

- 1 kg de baies de myrte
- 1 litre d'eau-de-vie
- 300 g de sucre
- 25 cl d'eau

Temps de cuisson : 3 min

Macération : 1 mois

Ébouillanter, puis essuyer un bocal. ¶ Mettre les baies de myrte dans le bocal et couvrir d'eau-de-vie. ¶ Laisser macérer pendant un mois. ¶ Égoutter les baies et récupérer l'eau-de-vie. ¶ Passer les baies au moulin à légume (grille fine). Filtrer le jus ainsi obtenu. ¶ Faire bouillir l'eau avec le sucre pendant 3 minutes. Mettre le sirop obtenu dans une bassine. ¶ Ajouter le jus de myrte et l'eau-de-vie. ¶ Mettre en bouteilles.

La préparation du vin de noix

Le golfe de Porto

Table des matières